中共中央国务院关于支持海南全面深化改革开放的指导意见

人民出版社

图书在版编目（CIP）数据

中共中央国务院关于支持海南全面深化改革开放的指导意见. —北京：
　人民出版社,2018.4
ISBN 978－7－01－019307－6

Ⅰ.①中…　Ⅱ.　Ⅲ.①经济特区-改革开放-文件-海南
　Ⅳ.①F127.66

中国版本图书馆 CIP 数据核字（2018）第 072945 号

中共中央国务院关于支持海南
全面深化改革开放的指导意见
ZHONGGONG ZHONGYANG GUOWUYUAN GUANYU ZHICHI HAINAN
QUANMIAN SHENHUA GAIGE KAIFANG DE ZHIDAO YIJIAN

人民出版社 出版发行
（100706　北京市东城区隆福寺街 99 号）

北京新华印刷有限公司印刷　新华书店经销

2018 年 4 月第 1 版　2018 年 4 月北京第 1 次印刷
开本：880 毫米×1230 毫米 1/32　印张：1
字数：16 千字

ISBN 978－7－01－019307－6　定价：2.50 元

邮购地址 100706　北京市东城区隆福寺街 99 号
人民东方图书销售中心　电话（010）65250042　65289539

目　　录

1

中共中央国务院关于支持海南全面深化改革开放的指导意见

（2018 年 4 月 11 日）

海南建省和兴办经济特区是党中央着眼于我国改革开放和社会主义现代化建设全局作出的重大战略决策。2018年是贯彻党的十九大精神的开局之年，是改革开放 40 周年，也是海南建省和兴办经济特区 30 周年。在新的历史条件下，为全面贯彻党的十九大精神和习近平总书记重要批示精神，更进一步凸显我国改革开放 40 年的重大意义，更进一步彰显党的十八大以来习近平总书记带领全国各族人民全面深化改革开放的重大意义，推动海南成为新时代全面深化改革开放的新标杆，形成更高层次改革开放新格局，探索实现更高质量、更有效率、更加公平、更可持续的发展，现提出以下意见。

一、重 大 意 义

海南省因改革开放而生，也因改革开放而兴。1988年，党中央批准海南建省办经济特区。30年来，海南省切实履行党中央、国务院赋予的历史使命，大胆创新、奋勇拼搏，推动经济社会发展取得重大成就，把一个边陲海岛发展成为我国改革开放的重要窗口，实现了翻天覆地的变化，为全国提供了宝贵经验。实践证明，党中央关于海南建省和兴办经济特区的决策是完全正确的。

在中国特色社会主义进入新时代的大背景下，赋予海南经济特区改革开放新的使命，是习近平总书记亲自谋划、亲自部署、亲自推动的重大国家战略，必将对构建我国改革开放新格局产生重大而深远影响。支持海南全面深化改革开放有利于探索可复制可推广的经验，压茬拓展改革广度和深度，完善和发展中国特色社会主义制度；有利于我国主动参与和推动经济全球化进程，发展更高层次的开放型经济，加快推动形成全面开放新格局；有利于推动海南加快实现社会主义现代化，打造成新时代中国特色社会主义新亮点，彰显中国特色社会主义制度优越性，增强中华民族的凝聚力和向心力。

二、总 体 要 求

（一）指导思想。全面贯彻党的十九大和十九届二中、三中全会精神，以习近平新时代中国特色社会主义思想为指导，坚持党的全面领导，坚持稳中求进工作总基调，坚持新发展理念，统筹推进"五位一体"总体布局和协调推进"四个全面"战略布局，以供给侧结构性改革为主线，赋予海南经济特区改革开放新使命，建设自由贸易试验区和中国特色自由贸易港，解放思想、大胆创新，着力在建设现代化经济体系、实现高水平对外开放、提升旅游消费水平、服务国家重大战略、加强社会治理、打造一流生态环境、完善人才发展制度等方面进行探索，在贯彻落实党的十九大的重大决策部署上走在前列，打造实践中国特色社会主义的生动范例，开创新时代中国特色社会主义新局面，为把我国建设成为富强民主文明和谐美丽的社会主义现代化强国作出更大贡献。

（二）战略定位

——全面深化改革开放试验区。大力弘扬敢闯敢试、敢为人先、埋头苦干的特区精神,在经济体制改革和社会治理创新等方面先行先试。适应经济全球化新形势,实行更加积极主动的开放战略,探索建立开放型经济新体制,把海南打造成为我国面向太平洋和印度洋的重要对外开放门户。

——国家生态文明试验区。牢固树立和践行绿水青山就是金山银山的理念,坚定不移走生产发展、生活富裕、生态良好的文明发展道路,推动形成人与自然和谐发展的现代化建设新格局,为推进全国生态文明建设探索新经验。

——国际旅游消费中心。大力推进旅游消费领域对外开放,积极培育旅游消费新热点,下大气力提升服务质量和国际化水平,打造业态丰富、品牌集聚、环境舒适、特色鲜明的国际旅游消费胜地。

——国家重大战略服务保障区。深度融入海洋强国、"一带一路"建设、军民融合发展等重大战略,全面加强支撑保障能力建设,切实履行好党中央赋予的重要使命,提升海南在国家战略格局中的地位和作用。

(三)基本原则

——坚持和加强党对改革开放的领导。把党的领导贯穿于海南全面深化改革开放的全过程,增强"四个意识",

坚定"四个自信",自觉维护以习近平同志为核心的党中央权威和集中统一领导,培育践行社会主义核心价值观,确保改革开放的社会主义方向。

——坚持整体推进和稳步实施。强化顶层设计,增强改革的系统性、协调性,使各项改革举措相互配合、相得益彰,提高改革整体效益。科学把握改革举措实施步骤,加强风险评估和跟踪预警,注重纠错调整,积极防范潜在风险。

——坚持统筹陆地和海洋保护发展。加强海洋生态文明建设,加大海洋保护力度,加强海洋权益维护,科学有序开发利用海洋资源,培育壮大特色海洋经济,形成陆海资源、产业、空间互动协调发展新格局。

——坚持发挥人才的关键性作用。坚持人才是第一资源,在人才培养、引进、使用上大胆创新,聚天下英才而用之,努力让各类人才引得进、留得住、用得好,使海南成为人才荟萃之岛、技术创新之岛。

(四)发展目标

到2020年,与全国同步实现全面建成小康社会目标,确保现行标准下农村贫困人口实现脱贫,贫困县全部摘帽;自由贸易试验区建设取得重要进展,国际开放度显著提高;公共服务体系更加健全,人民群众获得感明显增强;生态文明制度基本建立,生态环境质量持续保持全国一流水平。

到 2025 年,经济增长质量和效益显著提高;自由贸易港制度初步建立,营商环境达到国内一流水平;民主法制更加健全,治理体系和治理能力现代化水平明显提高;公共服务水平和质量达到国内先进水平,基本公共服务均等化基本实现;生态环境质量继续保持全国领先水平。

到 2035 年,在社会主义现代化建设上走在全国前列;自由贸易港的制度体系和运作模式更加成熟,营商环境跻身全球前列;人民生活更为宽裕,全体人民共同富裕迈出坚实步伐,优质公共服务和创新创业环境达到国际先进水平;生态环境质量和资源利用效率居于世界领先水平;现代社会治理格局基本形成,社会充满活力又和谐有序。

到本世纪中叶,率先实现社会主义现代化,形成高度市场化、国际化、法治化、现代化的制度体系,成为综合竞争力和文化影响力领先的地区,全体人民共同富裕基本实现,建成经济繁荣、社会文明、生态宜居、人民幸福的美好新海南。

三、建设现代化经济体系

坚持质量第一、效益优先,以供给侧结构性改革为主线,推动经济发展质量变革、效率变革、动力变革,提高全要素生产率,加快建立开放型生态型服务型产业体系,进一步完善社会主义市场经济体制,不断增强海南的经济创新力和竞争力。

(五)深化供给侧结构性改革。坚持把实体经济作为发展经济的着力点,紧紧围绕提高供给体系质量,支持海南传统产业优化升级,加快发展现代服务业,培育新动能。推动旅游业转型升级,加快构建以观光旅游为基础、休闲度假为重点、文体旅游和健康旅游为特色的旅游产业体系,推进全域旅游发展。瞄准国际先进水平,大力发展现代服务业,加快服务贸易创新发展。统筹实施网络强国战略、大数据战略、"互联网+"行动,大力推进新一代信息技术产业发展,推动互联网、物联网、大数据、卫星导航、人工智能和实体经济深度融合。鼓励发展虚拟现实技术,大力发展数字创意产业。高起点发展海洋经济,积极推进南海天然气水合物、海底矿物商业化开采,鼓励民营企业参与南海资源开发,加快培育海洋生物、海水淡化与综合利用、海洋可再生能源、海洋工程装备研发与应用等新兴产业,支持建设现代化海洋牧场。实施乡村振兴战略,做强做优热带特色高效农业,打造国家热带现代农业基地,支持创设海南特色农产品期货品种,加快推进农业农村现代化。

(六)实施创新驱动发展战略。面向深海探测、海洋资源开发利用、航天应用等战略性领域,支持海南布局建设一批重大科研基础设施与条件平台,建设航天领域重大科技创新基地和国家深海基地南方中心,打造空间科技创新战略高地。加强国家南繁科研育种基地(海南)建设,打造国家热带农业科学中心,支持海南建设全球动植物种质资源引进中转基地。设立海南国际离岸创新创业示范区。建立符合科研规律的科技创新管理制度和国际科技合作机制。鼓励探索知识产权证券化,完善知识产权信用担保机制。

(七)深入推进经济体制改革。深化国有企业改革,推进集团层面混合所有制改革,健全公司法人治理结构,完善现代企业制度。完善各类国有资产管理体制,探索政府直接授权国有资本投资、运营公司,加快国有企业横向联合、纵向整合和专业化重组,推动国有资本做强做优做大。完善产权保护制度,加强政务诚信和营商环境建设,清理废除妨碍统一市场和公平竞争的规定与做法,严厉打击不正当竞争行为,激发和保护企业家精神,支持民营企业发展,鼓励更多市场主体和社会主体投身创新创业。深化农垦改革,推进垦区集团化、农场企业化改革,有序推行土地资产化和资本化,鼓励社会资本通过设立农业产业投资基金、农垦产业发展股权投资基金等方式,参与农垦项目和国有农场改革。扎实推进房地一体的农村集体建设用地和宅基地使用权确权登记颁证,在海南全省统筹推进农村土地征收、集体经营性建设用地入市、宅基地制度改革试点,建立不同权属、不同用途建设用地合理比价调节机制和增值收益分配机制,统筹不同地区、拥有不同类型土地的农民收益。支持依法合规在海南设立国际能源、航运、大宗商品、产权、股权、碳排放权等交易场所。创新投融资方式,规范运用政府和社会资本合作(PPP)模式,引导社会资本参与基础设施和民生事业。支持海南以电力和天然气体制改革为重点,开展能源综合改革。理顺民用机场管理体制,先行先试通用航空分类管理改革。

(八)提高基础设施网络化智能化水平。按照适度超前、互联互通、安全高效、智能绿色的原则,大力实施一批重大基础设施工程,加快构建现代基础设施体系。建设"数字海南",推进城乡光纤网络和高速移动通信网络全覆盖,加快实施信息进村入户工程,着力提升南海海域通信保障能力。落实国家网络安全等级保护制度,提升网络安全保障水平。推进海口机场改扩建工程,开展三亚新机场、儋州机场、东方/五指山机场前期工作,加密海南直达全球主要客源地的国际航线。优化整合港口资源,重点支持海口、洋浦港做优做强。推进电网主网架结构建设和城乡电网智能化升级改造,开展智能电网、微电网等示范项目建设。构建覆盖城乡的供气管网。加强城市地下空间利用和综合管廊建设。完善海岛型水利设施网络。

四、推动形成全面开放新格局

坚持全方位对外开放,按照先行先试、风险可控、分步推进、突出特色的原则,第一步,在海南全境建设自由贸易试验区,赋予其现行自由贸易试验区试点政策;第二步,探索实行符合海南发展定位的自由贸易港政策。

(九)高标准高质量建设自由贸易试验区。以现有自由贸易试验区试点内容为主体,结合海南特点,建设中国(海南)自由贸易试验区,实施范围为海南岛全岛。以制度创新为核心,赋予更大改革自主权,支持海南大胆试、大胆闯、自主改,加快形成法治化、国际化、便利化的营商环境和公平统一高效的市场环境。更大力度转变政府职能,深化简政放权、放管结合、优化服务改革,全面提升政府治理能力。实行高水平的贸易和投资自由化便利化政策,对外资全面实行准入前国民待遇加负面清单管理制度,围绕种业、医疗、教育、体育、电信、互联网、文化、维修、金融、航运等重点领域,深化现代农业、高新技术产业、现代服务业对外开放,推动服务贸易加快发展,保护外商投资合法权益。推进航运逐步开放。发挥海南岛全岛试点的整体优势,加强改革系统集成,力争取得更多制度创新成果,彰显全面深化改革和扩大开放试验田作用。

(十)探索建设中国特色自由贸易港。根据国家发展需要,逐步探索、稳步推进海南自由贸易港建设,分步骤、分阶段建立自由贸易港政策体系。海南自由贸易港建设要体现中国特色,符合海南发展定位,学习借鉴国际自由贸易港建设经验,不以转口贸易和加工制造为重点,而以发展旅游业、现代服务业和高新技术产业为主导,更加强调通过人的全面发展,充分激发发展活力和创造力,打造更高层次、更高水平的开放型经济。及时总结59国外国人入境旅游免签政策实施效果,加大出入境安全措施建设,为进一步扩大免签创造条件。完善国际贸易"单一窗口"等信息化平台。积极吸引外商投资以及先进技术、管理经验,支持外商全面参与自由贸易港建设。在内外贸、投融资、财政税务、金融创新、出入境等方面探索更加灵活的政策体系、监管模式和管理体制,打造开放层次更高、营商环境更优、辐射作用更强的开放新高地。

(十一)加强风险防控体系建设。出台有关政策要深入论证、严格把关,成熟一项推出一项。打好防范化解重大风险攻坚战,有效履行属地金融监管职责,构建金融宏观审慎管理体系,建立金融监管协调机制,加强对重大风险的识别和系统性金融风险的防范,严厉打击洗钱、恐怖融资及逃税等金融犯罪活动,有效防控金融风险。优化海关监管方式,强化进出境安全准入管理,完善对国家禁止和限制入境货物、物品的监管,高效精准打击走私活动。建立检验检疫风险分类监管综合评定机制。强化企业投资经营事中事后监管,实行"双随机、一公开"监管全覆盖。

五、创新促进国际旅游消费中心
建设的体制机制

深入推进国际旅游岛建设,不断优化发展环境,进一步开放旅游消费领域,积极培育旅游消费新业态、新热点,提升高端旅游消费水平,推动旅游消费提质升级,进一步释放旅游消费潜力,积极探索消费型经济发展的新路径。

(十二)拓展旅游消费发展空间。实施更加开放便利的离岛免税购物政策,实现离岛旅客全覆盖,提高免税购物限额。支持海南开通跨国邮轮旅游航线,支持三亚等邮轮港口开展公海游航线试点,加快三亚向邮轮母港方向发展。放宽游艇旅游管制。有序推进西沙旅游资源开发,稳步开放海岛游。全面落实完善博鳌乐城国际医疗旅游先行区政策,鼓励医疗新技术、新装备、新药品的研发应用,制定支持境外患者到先行区诊疗的便利化政策。推动文化和旅游融合发展,大力发展动漫游戏、网络文化、数字内容等新兴文化消费,促进传统文化消费升级。允许外资在海南试点设立在本省经营的演出经纪机构,允许外资在海南省内经批准的文化旅游产业集聚区设立演出场所经营单位,演出节目需符合国家法律和政策规定。允许旅游酒店经许可接收国家批准落地的境外电视频道。支持在海南建设国家体育训练南方基地和省级体育中心,鼓励发展沙滩运动、水上运动、赛马运动等项目,支持打造国家体育旅游示范区。探索发展竞猜型体育彩票和大型国际赛事即开彩票。探索从空间规划、土地供给、资源利用等方面支持旅游项目建设。

（十三）提升旅游消费服务质量。鼓励海南旅游企业优化重组，支持符合条件的企业上市融资，促进旅游产业规模化、品牌化、网络化经营，形成一批具有国际竞争力的旅游集团。推进经济型酒店连锁经营，鼓励发展各类生态、文化主题酒店和特色化、中小型家庭旅馆，积极引进国内外高端酒店集团和著名酒店管理品牌。高标准布局建设具有国际影响力的大型消费商圈，完善"互联网+"消费生态体系，鼓励建设"智能店铺"、"智慧商圈"，支持完善跨境消费服务功能。加强旅游公共服务设施的统筹规划和建设。健全旅游服务的标准体系、监管体系、诚信体系、投诉体系，建立企业信誉等级评价、重大信息公告、消费投诉信息和违规记录公示制度。严厉打击扰乱旅游市场秩序的违法违规行为，完善旅游纠纷调解机制，切实维护旅游者合法权益。支持海南整合旅游营销资源，强化整体宣传营销，促进海南旅游形象提升。

（十四）大力推进旅游消费国际化。支持海南积极引进国际优质资本和智力资源，采用国际先进理念进行旅游资源保护和开发。允许在海南注册的符合条件的中外合资旅行社从事除台湾地区以外的出境旅游业务。支持海南积极参与国际旅游合作与分工，与国际组织和企业在引资引智、市场开发、教育培训、体育赛事等方面开展务实合作。加快建立与国际通行规则相衔接的旅游管理体制,推动更多企业开展国际标准化组织(ISO)质量和环境管理体系认证,提升企业管理水平。系统提升旅游设施和旅游要素的国际化、标准化、信息化水平。指导海南进一步办好国际体育赛事,支持再引入一批国际一流赛事。支持海南举办国际商品博览会和国际电影节。

六、服务和融入国家重大战略

支持海南履行好党中央赋予的重要使命,持续加强支撑保障能力建设,更好服务海洋强国、"一带一路"建设、军民融合发展等国家重大战略实施。

(十五)加强南海维权和开发服务保障能力建设。加快完善海南的维权、航运、渔业等重点基础设施,显著提升我国对管辖海域的综合管控和开发能力。实施南海保障工程,建立完善的救援保障体系。保障法院行使对我国管辖海域的司法管辖权。支持三亚海上旅游合作开发基地、澄迈等油气勘探生产服务基地建设。加强重点渔港和避风港建设。

（十六）深化对外交往与合作。充分利用博鳌亚洲论坛等国际交流平台,推动海南与"一带一路"沿线国家和地区开展更加务实高效的合作,建设21世纪海上丝绸之路重要战略支点。鼓励境外机构落户海南。支持海南推进总部基地建设,鼓励跨国企业、国内大型企业集团在海南设立国际总部和区域总部。支持在海南设立21世纪海上丝绸之路文化、教育、农业、旅游交流平台,推动琼海农业对外开放合作试验区建设。加强海南与东南亚国家的沟通交流,重点开展旅游、环境保护、海洋渔业、人文交流、创新创业、防灾减灾等领域合作。

（十七）推进军民融合深度发展。落实经济建设项目贯彻国防要求的有关部署,加强军地在基础设施、科技、教育和医疗服务等领域的统筹发展,建立军地共商、科技共兴、设施共建、后勤共保的体制机制,将海南打造成为军民融合发展示范基地。依托海南文昌航天发射场,推动建设海南文昌国际航天城。完善南海岛礁民事服务设施与功能,建设生态岛礁,打造南海军民融合精品工程。深化空域精细化管理改革,提升军民航空域使用效率。完善军地土地置换政策,保障军事用地需求,促进存量土地盘活利用。建设国家战略能源储备基地。

（十八）加强区域合作交流互动。依托泛珠三角区域合作机制，鼓励海南与有关省区共同参与南海保护与开发，共建海洋经济示范区、海洋科技合作区。密切与香港、澳门在海事、海警、渔业、海上搜救等领域的合作，积极对接粤港澳大湾区建设。加强与台湾地区在教育、医疗、现代农业、海洋资源保护与开发等领域的合作。深化琼州海峡合作，推进港航、旅游协同发展。

七、加强和创新社会治理

始终坚持以人民为中心的发展思想，完善公共服务体系，加强社会治理制度建设，不断满足人民日益增长的美好生活需要，形成有效的社会治理、良好的社会秩序，使人民获得感、幸福感、安全感更加充实、更有保障、更可持续。

（十九）健全改善民生长效机制。坚决打赢精准脱贫攻坚战，建立稳定脱贫长效机制，促进脱贫提质增效。深化户籍制度改革，有序推进农业转移人口市民化，推动基本公共服务覆盖全部常住人口。大力实施基础教育提质工程，全面提升学前教育和中小学教育质量。完善劳动用工制度,健全最低工资标准调整和工资支付保障长效机制。开展激发重点群体增收活力改革试点,推进事业单位改革和人才评价机制改革,在国家政策框架内,加快完善与自由贸易试验区和自由贸易港建设相适应、体现工作绩效和分级分类管理的机关事业单位工资分配政策。创新社会救助模式,完善专项救助制度,在重点保障城乡低保对象、特困人员的基础上,将专项救助向低收入家庭延伸。全面实施全民参保计划。建立和完善房地产长效机制,防止房价大起大落。继续深化医药卫生体制改革。

(二十)打造共建共治共享的社会治理格局。加强预防和化解社会矛盾机制建设,正确处理人民内部矛盾。加强人口动态数据收集分析,建立人口监测预警报告制度。推动建立以社会保障卡为载体的"一卡通"服务管理模式。探索行业协会商会类、科技类、公益慈善类、城乡社区服务类社会组织依法直接登记制度,支持社会组织在规范市场秩序、开展行业监管、加强行业自律、调解贸易纠纷等方面发挥更大作用,推进行业协会商会脱钩改革。全面加强基层治理,统筹推进基层政权建设和基层群众自治,促进乡镇(街道)治理和城乡社区治理有效衔接,构建简约高效的基层管理体制。全面推进社会信用体系建设,加快构建守信激励和失信惩戒机制。围绕行政管理、司法管理、城市管理、环境保护等社会治理的热点难点问题,促进人工智能技术应用,提高社会治理智能化水平。

(二十一)深化行政体制改革。全面贯彻党的十九届三中全会精神,认真落实《中共中央关于深化党和国家机构改革的决定》、《深化党和国家机构改革方案》,坚决维护党中央权威和集中统一领导,率先完成地方党政机构改革。深化"放管服"改革,在进一步简政放权、放管结合、优化服务方面走在全国前列,推动自由贸易试验区和自由贸易港建设。按照宜放则放、不宜放则不放的原则,赋予海南省级政府更多自主权,将贴近基层和群众的管理服务事务交由下级政府承担。推进海南行政区划改革创新,优化行政区划设置和行政区划结构体系。支持海南按照实际需要统筹使用各类编制资源。深化"多规合一"改革,推动形成全省统一的空间规划体系。积极探索与行政体制改革相适应的司法体制改革。

八、加快生态文明体制改革

牢固树立社会主义生态文明观,像对待生命一样对待生态环境,实行最严格的生态环境保护制度,还自然以宁静、和谐、美丽,提供更多优质生态产品以满足人民日益增长的优美生态环境需要,谱写美丽中国海南篇章。

（二十二）完善生态文明制度体系。加快建立健全生态文明建设长效机制,压紧压实生态环境保护责任。率先建立生态环境和资源保护现代监管体制,设立国有自然资源资产管理和自然生态监管机构。落实环境保护"党政同责、一岗双责",构建以绿色发展为导向的评价考核体系,严格执行党政领导干部自然资源资产离任审计、生态环境损害责任追究制度。编制自然资源资产负债表,实行省以下环保机构监测监察执法垂直管理制度。支持海南在建立完善自然资源资产产权制度和有偿使用制度方面率先进行探索。加快完善生态保护成效与财政转移支付资金分配相挂钩的生态保护补偿机制。全面实施河长制、湖长制、湾长制、林长制。探索建立水权制度。鼓励海南国家级、省级自然保护区依法合规探索开展森林经营先行先试。加强对海洋生态环境的司法保护。开展海洋生态系统碳汇试点。研究构建绿色标准体系,建立绿色产品政府采购制度,创建绿色发展示范区。实行碳排放总量和能耗增量控制。建立环境污染"黑名单"制度,健全环保信用评价、信息强制性披露、严惩重罚等制度。在环境高风险领域建立环境污染强制责任保险制度。

（二十三）构建国土空间开发保护制度。深入落实主体功能区战略,健全国土空间用途管制制度,完善主体功能区配套政策,制定实施海南省海洋主体功能区规划。完成生态保护红线、永久基本农田、城镇开发边界和海洋生物资源保护线、围填海控制线划定工作,严格自然生态空间用途管制。实行最严格的节约用地制度,实施建设用地总量和强度双控行动,推进城市更新改造,对低效、零散用地进行统筹整合、统一开发,确保海南建设用地总量在现有基础上不增加,人均城镇工矿用地和单位国内生产总值建设用地使用面积稳步下降。加强自然保护区监督管理。研究设立热带雨林等国家公园,构建以国家公园为主体的自然保护地体系,按照自然生态系统整体性、系统性及其内在规律实行整体保护、系统修复、综合治理。实施重要生态系统保护和修复重大工程,构建生态廊道和生物多样性保护网络,提升生态系统质量和稳定性。鼓励在重点生态区位推行商品林赎买制度,探索通过租赁、置换、地役权合同等方式规范流转集体土地和经济林,逐步恢复和扩大热带雨林等自然生态空间。实施国家储备林质量精准提升工程,建设乡土珍稀树种木材储备基地。对生态环境脆弱和敏感区域内居民逐步实施生态移民搬迁。严格保护海洋生态环境,更加重视以海定陆,加快建立重点海域入海污染物总量控制制度,制定实施海岸带保护与利用综合规划。

（二十四）推动形成绿色生产生活方式。坚持"绿色、循环、低碳"理念,建立产业准入负面清单制度,全面禁止高能耗、高污染、高排放产业和低端制造业发展,推动现有制造业向智能化、绿色化和服务型转变,加快构建绿色产业体系。实施能源消费总量和强度双控行动。支持海南建设生态循环农业示范省,加快创建农业绿色发展先行区。实行生产者责任延伸制度,推动生产企业切实落实废弃产品回收责任。减少煤炭等化石能源消耗,加快构建安全、绿色、集约、高效的清洁能源供应体系。建立闲置房屋盘活利用机制,鼓励发展度假民宿等新型租赁业态。探索共享经济发展新模式,在出行、教育、职业培训等领域开展试点示范。科学合理控制机动车保有量,加快推广新能源汽车和节能环保汽车,在海南岛逐步禁止销售燃油汽车。全面禁止在海南生产、销售和使用一次性不可降解塑料袋、塑料餐具,加快推进快递业绿色包装应用。

九、完善人才发展制度

实施人才强国战略,深化人才发展体制机制改革,实行更加积极、更加开放、更加有效的人才政策,加快形成人人渴望成才、人人努力成才、人人皆可成才、人人尽展其才的良好环境。

(二十五)创新人才培养支持机制。鼓励海南充分利用国内外优质教育培训资源,加强教育培训合作,培养高水平的国际化人才。支持海南大学创建世界一流学科,支持相关高校培育建设重点实验室。鼓励国内知名高校和研究机构在海南设立分支机构。完善职业教育和培训体系,深化产教融合、校企合作,鼓励社会力量通过独资、合资、合作等多种形式举办职业教育。鼓励海南引进境外优质教育资源,举办高水平中外合作办学机构和项目,探索建立本科以上层次中外合作办学项目部省联合审批机制。支持海南通过市场化方式设立专业人才培养专项基金。完善促进终身教育培训的体制机制。

(二十六)构建更加开放的引才机制。加大国家级人才计划对海南省人才队伍建设的支持力度。紧紧围绕强化公益属性的目标深化事业单位改革,除仅为机关提供支持保障的事业单位外,原则上取消行政级别,允许改革后的事业单位结合实际完善有利于激励人才的绩效工资内部分配办法。促进教师、医生、科研人员等合理流动。创新"候鸟型"人才引进和使用机制,设立"候鸟"人才工作站,允许内地国企、事业单位的专业技术和管理人才按规定在海南兼职兼薪、按劳取酬。支持海南开展国际人才管理改革试点,允许外籍和港澳台地区技术技能人员按规定在海南就业、永久居留。允许在中国高校获得硕士及以上学位的优秀外国留学生在海南就业和创业,扩大海南高校留学生规模。支持海南探索建立吸引外国高科技人才的管理制度。

(二十七)建设高素质专业化干部队伍。坚持党管干部原则,坚持正确选人用人导向,突出政治标准,注重培养专业能力、专业精神,增强干部队伍助推海南全面深化改革开放的能力。推进公务员聘任制和分类管理改革,拓宽社会优秀人才进入党政干部队伍渠道,允许在专业性较强的政府机构设置高端特聘职位,实施聘期管理和协议工资。加强海南与国内发达地区的公务员学习交流,开展公务员国际交流合作,稳妥有序开展公务人员境外培训。加强优秀后备干部储备,完善鼓励干部到基层一线、困难艰苦地区历练的机制。

（二十八）全面提升人才服务水平。加大优质公共服务供给,满足人才对高品质公共服务的需求。大力引进优质医疗资源,鼓励社会力量发展高水平医疗机构,推进国际国内医疗资源合作,积极引进优秀卫生专业技术人员。深度推进跨省异地就医住院医疗费用直接结算,鼓励发展商业补充保险。推进社会养老服务设施建设。加快数字图书馆、数字博物馆、网上剧院等建设,构建标准统一、互联互通的公共数字文化服务网络。出台专门政策解决引进人才的任职、住房、就医、社保、子女教育等问题。

十、保障措施

毫不动摇加强党对改革开放的领导,进一步强化政策支持,建立健全"中央统筹、部门支持、省抓落实"的工作机制,坚定自觉地把党中央、国务院的决策部署落到实处。

（二十九）加强党的领导。坚持党对一切工作的领导,充分发挥党总揽全局、协调各方的作用。海南省委要把党的政治建设摆在首位,用习近平新时代中国特色社会主义思想武装海南党员干部。着眼于健全加强党的全面领导的制度,优化党的组织机构,建立健全省委对全面深化改革开放工作的领导体制机制,更好发挥党的职能部门作用,提高党把方向、谋大局、定政策、促改革的能力和定力。加强基层党组织建设,着力提升组织力,增强政治功能,引导广大党员发挥先锋模范作用,把基层党组织建设成为推动海南全面深化改革开放的坚强战斗堡垒。完善体现新发展理念和正确政绩观要求的干部考核评价体系,建立激励机制和容错纠错机制,旗帜鲜明地为敢于担当、踏实做事、不谋私利的干部撑腰鼓劲。牢牢掌握意识形态工作领导权,把社会主义核心价值观融入社会发展各方面,坚定文化自信。持之以恒正风肃纪,强化纪检监察工作,营造风清气正良好环境。深化政治巡视。全面落实监察法。

（三十）强化政策保障。本意见提出的各项改革政策措施,凡涉及调整现行法律或行政法规的,经全国人大或国务院统一授权后实施。中央有关部门根据海南省建设自由贸易试验区、探索实行符合海南发展定位的自由贸易港政策需要,及时向海南省下放相关管理权限,给予充分的改革自主权。按照市场化方式,设立海南自由贸易港建设投资基金。深化司法体制综合配套改革,全面落实司法责任制,实行法院、检察院内设机构改革试点,建立法官、检察官员额退出机制。支持建立国际经济贸易仲裁机构和国际争端调解机构等多元纠纷解决机构。

（三十一）完善实施机制。海南省要发挥主体责任，主动作为、真抓实干，敢为人先、大胆探索，以"功成不必在我"的精神境界和"功成必定有我"的历史担当，一任接着一任干，一茬接着一茬干，将蓝图一绘到底。要制定预案，稳定市场预期，坚决防范炒房炒地投机行为。研究建立重大问题协调机制，统筹推进海南全面深化改革开放工作。中央有关部门要真放真改真支持，切实贯彻落实本意见提出的各项任务和政策措施，会同海南省抓紧制定实施方案。国家发展改革委要加强综合协调，强化督促检查，适时组织对本意见实施情况进行评估，及时发现问题并提出整改建议，重大事项向党中央、国务院报告。